FÓRMULAS
POEMÁTICAS

POESIA

KUJIKULA

abra sua mente

AUTORA

Cláudia Cassoma

TÍTULO

Fórmulas Poemáticas

COMPOSIÇÃO GRÁFICA

Cláudia Cassoma / Kujikula

EDITORA

KUJIKULA

kujikula@gmail.com

ISBN: 9781734877670

1ª Edição — 21 de Março de 2021

FÓRMULAS POEMÁTICAS

CLÁUDIA CASSOMA

Aos amantes da poesia,
para avultar o amor.
Aos desinformados sobre ela,
para motivar elucidação.
Aos incultos,
para encantar.
E, à própria poesia,
para engrandecer.

APRESENTAÇÃO:

Sobre a Poesia e as suas Formas

escrever é a minha vida, ler te fará viver

S e bem me lembro, quando eu compus a frase supracitada, a minha motivação mais importante era a de decorar o que, na altura, era o blogue que matinha algures pela web. Procurei por algo que me apresentasse completa de forma clara e concisa. Não nego ter sentido, de pronto, a verdade de cada palavra exposta, mas reconheço que a veemência desse sentimento se fez mais aparente com o andar do tempo: com o crescer, não só do meu corpo físico, como também do meu ser plumitivo—especialmente da minha alma poética, visto que, eu sou e, na verdade, sempre fui poesia.

Hoje, embora a frase não esteja tão fácil de encontrar no que agora é um site mais repleto de mim, a sua significância está pra lá de incontestável, de evidente. Escrevo desde que comecei a viver e vivo desde que escrevo. Ao contrário de muitas trajectórias, a minha de escritora não sobreveio à uma de leitora; não. A poesia me ensinou a ler e a escrever. Ela me fez ser antes mesmo de eu entender. Ainda tenho vestígios dos primeiros rabiscos como evidência desse acontecer. Ademais, a minha prosa não só derivou da poesia, como, até hoje, se veste dela—está em todas as criações.

Agora, essa frase é acção. Cada vida que escrevo vai, e se entrega como vida à quem a recebe em leitura.

No meio de tudo isso, nunca imaginei que a poesia me seria tanto boa como má sorte. Não me passou pela cabeça que ser poesia seria desvantajoso por também ser mulher. Mas não é isso que me atormenta. O que me faz doer a alma é a desinformação sobre o que ela realmente é, como se parece, e o que faz—é a forma como a tratam. Daí, a criação dessa obra.

Fórmulas Poemáticas é uma vida que honra a própria poesia. Com a concepção desse dicionário poético-ilustrativo, apresento a poesia que vai além de frases sem pontos, estrofes sem versos, ou versos com rimas triviais; apresento uma poesia livre, mas também entendida; uma poesia primitiva, mas com ramificações.

A obra em questão é uma composição em versos com associações harmoniosas de palavras, ritmos e imagens. Mas, o mais importante é que ela é arte, e é também apresentada como tal — como atitude artística.

Fórmulas Poemáticas expõe o desenvolvimento do género e da forma poética, apresentando cada poema conforme as suas características. No que concerne aos géneros poéticos, a obra foca no lírico, com uma maior intensidade, nos poemas de forma fixa — como são definidos os textos líricos que possuem as mesmas características no que diz respeito à forma e a estrutura. Adicionalmente, o manual também apresenta uma doze de subgéneros e formas do género supracitado—o lírico.

Para uma viagem um quanto instrutiva, divertida e apreciável, todos os detalhes da composição desse dicionário poético-ilustrativo foram pensados com intencionalidade e cautela. Desde a concepção do seu revestimento à organização do seu preenchimento foste tu — caro leitor — razão incipiente. Por exemplo, o isolamento dos títulos se deu pra enfocar as características dos textos, visto que o propósito é entender e degustar a individualidade de cada poema. Ainda nessa senda, para uma assimilação leve e premente, os textos aqui expostos foram discretamente identificados segundo a forma e a estrutura que os caracteriza, afirmando a constância das prelecções. Nesse agrupamento de estruturas e lições, os poemas de forma fixa destacados são: a **sextina**, o **soneto**, a **trova**, o **rondó**, a **balada**, o **haicai** e o **rondel**.

Está também nessa mistura, com vários dos seus elementos, a *versificação* — que é o conjunto de métodos utilizados na arte de compor versos. Fazendo uso, para o efeito, de alguns elementos que concorrem para a harmonização e a venustidade do género lírico. Pela caminhada de decifração e prazer, procure e explore: os **acrósticos,** em distintos modos de apresentação; os **tercetos**, e outras formas de versificação. Conte sílabas poéticas, entenda a disposição dos versos e das rimas, defina estrofes segundo o número de versos, aponte encadeamentos e maravilha-te com o ritmo. Sê poesia!

TERCETO: forma de versificação, definida pela classificação de estrofe formada com três versos.

SEXTINA: poema composto de seis estrofes de seis versos cada (*sextilha*) e uma estrofe de três versos (*terceto*).

CANTIGA: subgénero do género lírico composto por um *mote—estrofe que, localizada no início de uma composição poética, é utilizada como razão da obra, desenvolvendo o tema do poema*—de quatro (4) ou cinco (5) versos e por uma *glosa—extensão de sentido, de estrofes, que desenvolvem o tema do mote*—de oito (8) a dez (10) versos, geralmente.

Também denominadas *cantigas trovadorescas*, são esses textos poéticos da primeira época medieval que fizeram parte do movimento literário do trovadorismo. Elas são classificadas em **cantigas líricas** (as cantigas de amor e de amigo, que estão focadas nos sentimentos e nas emoções), e **cantigas satíricas** (as cantigas de escárnio e de maldizer, que usam a ironia e o sarcasmo para criticar ou ridicularizar).

→ **de Amor**: o cavalheiro dirige-se à amada como figura idealizada. O poeta, na posição de fiel vassalo, põe-se ao serviço desse amor, tornando-o em um sonho distante, nunca conquistado, por pertencerem a diferentes níveis sociais.

→ **de Amigo**: de origem popular, com marcas evidentes da literatura oral (reiterações, paralelismo, refrão, estribilho), recursos esses próprios dos textos para serem cantados e que propiciam facilidade na memorização. Esses recursos são utilizados, ainda hoje, nas canções populares.

→ **de Escárnio**: o eu-lírico faz uma *sátira— construção poética com o propósito de criticar—* a alguma pessoa. Essa sátira é indireta, cheia de duplos sentidos. São feitas pelos trovadores para dizer mal de alguém, por meio de ambiguidades, trocadilhos e jogos semânticos, em um processo que os trovadores chamam "equívoco". Exigindo unicamente a alusão indireta e velada, para que o destinatário não seja reconhecido, estimula a imaginação do poeta e sugere-lhe uma expressão irônica, embora, por vezes, bastante mordaz.

→ **de Maldizer**: ao contrário da cantiga de escárnio, a cantiga de maldizer traz uma sátira direta e sem duplos sentidos. É comum a agressão verbal à pessoa satirizada, e muitas vezes, são utilizados até palavras de baixo calão (palavrões). O nome da pessoa satirizada pode ou não ser revelado.

SONETO: é um poema de forma fixa, composto por catorze versos. Expressa em torno de uma ideia do início até o penúltimo verso. Já no último verso, considerado como chave de ouro, costuma apresentar uma síntese de tudo que foi abordado.

→ **Inglês**: ou *shakespeariano*; caracterizado por três **quartetos** (estrofes de quatro versos) e um **dístico** (estrofes de dois versos).

→ **Italiano**: ou *petrarquiano*; soneto caracterizado por dois **quartetos** (estrofes de quatro versos) e dois **tercetos** (estrofes de três versos).

→ **Monostrófico**: caracterizado por uma única estrofe de catorze (14) versos.

SÁTIRA: construção poética, livre e repleta de ironia. É uma técnica utilizada para ridicularizar um determinado tema (indivíduos, organizações, estados), geralmente como forma de intervenção política com o objectivo de provocar ou evitar uma mudança.

→ **Inflação**: quando se exagera, aumentando, aspectos do satirizado; é uma forma de hipérbole (negativa no primeiro e positiva no segundo caso). Esse exagero serve também para acentuar os defeitos daquilo que se pretende satirizar.

→ **Diminuição**: reduz o tamanho de algo de forma a tornar a aparência ridícula ou de forma a fazer sobressair os defeitos criticados.

→ **Justaposição**: coloca ao mesmo nível coisas de importância desigual, de forma a rebaixar algumas, supostamente "elevadas" ao nível de outras consideradas menos nobres.

TROVA: poema de forma fixa, autônomo, conhecido como *quadra* (estrofe com quatro versos) em *redondilha maior*, composição poética de quatro versos *heptassílabos* (sete sílabas poéticas cada um).

→ **Rimas Simples**: ABCB
→ **Rimas Cruzadas**: ABBA
→ **Rimas Alternadas**: ABAB

RONDÓ: poema de forma fixa composto de três estrofes totalizando treze versos, onde dois formam duas *quadras* (estrofe com quatro versos), seguidas de uma *quintilha* (estrofe com cinco versos). Ele tem o mesmo *estribilho* (verso ou agrupamento de versos que se repete ao final de cada estrofe) repetindo pelo texto. Vale salientar que esse tipo de poema varia quanto a quantidade de versos e de estrofes. Assim sendo, existem três tipos de Rondó: o rondó <u>francês</u>, o rondó <u>dobrado</u> e o rondó <u>português</u>.

→ **Francês**: rondó composto por três estrofes, na seguinte ordem: uma *quintilha* (estrofe com cinco versos), um *terceto* (estrofe com três estrofes) e outra quintilha. Havendo *verso quebrado* (verso que não segue as regras usuais de métrica ou de ritmo, também chamado de verso errado), ele é aderido à estrofe a que pertence, sem ser contado como verso. Os versos possuem, em geral, oito sílabas, chamados *octossílabo*, apresentando também somente duas rimas.

→ **Dobrado**: tipo bem menos usado e considerado variante do rondó francês, é um tipo de rondó que tem uma estrutura estrófica de seis *quartetos* (estrofes com quatro versos) ou cinco com mais três versos, totalizando um número de vinte e três (23) ou vinte e quatro (24) versos e uma estrutura rítmica de duas rimas.

→ **Português**: este tipo de rondó varia no número de estrofes, comumente composto por oito *quadras* (estrofe com quatro versos) ou quatro *oitavas* (estrofe com oito versos); repetindo-se a quadra no final das oitavas ou de duas quadras. É também caracterizado por rima encadeada em redondilha maior (ou heptassílabo — verso de sete sílabas).

VILANCETE: poema de caráter campesino, formado por um terceto (dito mote) glosado em duas ou mais oitavas (ditas voltas), cujo verso final repete integral ou parcialmente um dos versos do terceto. Normalmente cada verso é dividido em cinco ou sete sílabas métricas. Os temas dos vilancetes são normalmente a saudade, o campo e os pastores, a 'mulher perfeita' e amor não-correspondido e consequente sofrimento.

→ **Perfeito**: vilancete em que o último verso do mote se repete no fim da volta.

BALADA: poema de forma fixa com uma estrutura estrófica, com três *oitavas* (estrofe com oito versos) e um *quarteto* (estrofe com quatro versos) ou uma *quintilha* (estrofe com cinco versos) no lugar do quarteto. Esta última estrofe menor recebe o nome de oferenda ou ofertório. Quanto à estrutura métrica, apresenta versos octossílabos e possui três rimas cruzadas, ou ainda, variáveis. Além disso, apresenta o que chamamos de paralelismo, ou seja, há a repetição de um mesmo conceito ou ideia ao fim de cada estrofe.

HAICAI: poema de origem japonesa, formado por um *terceto* (três versos) com a seguinte estrutura:

Primeiro verso: cinco (5) sílabas poéticas (pentassílabo).

Segundo verso: sete (7) sílabas poéticas (heptassílabo).

Terceiro verso: cinco (5) sílabas poéticas (pentassílabo).

ODE: este não possui uma estrutura fixa. Trata-se de um poema lírico, normalmente de exaltação e homenagem, de forma complexa e variável que exprime alegria e entusiasmo. Ele caracteriza-se pelo tom elevado e sublime com que aborda determinado assunto.

HINO: poema lírico composto para glorificar deuses e/ou heróis. É um canto em que o emissor faz uma homenagem à Pátria (e aos seus símbolos), às divindades. Poema solene com refrão (estribilho).

ELEGIA: do grego e significa "canto triste". Sem forma fixa, é um poema lírico que expressa sentimentos tristes, como uma morte ou uma despedida.

IDÍLIO: poema lírico em que o emissor expressa uma homenagem à Natureza, às belezas e às riquezas que ela dá ao homem. É o poema bucólico, ou seja, que expressa o desejo de desfrutar de tais belezas e riquezas ao lado da amada (pastora), que enriquece ainda mais a paisagem, espaço ideal para a paixão.

RONDEL: poema de forma fixa formado por duas *quadras* (quatro versos) e uma *quintilha* (cinco versos), de forma que os dois primeiros versos da primeira quadra se repetem no final da segunda, e o primeiro verso da quadra inicial reaparece no fecho da quintilha, sem esquema fixo de rima ou de metro.

ESPARSA: poema lírico, sem forma fixa, com rima, que pode ser da escolha do autor, expressando tristeza ou melancolia.

ENDECHA: poema lírico, sem forma fixa, geralmente melancólico, variante da elegia e do *treno* (lamentação fúnebre).

MADRIGAL: precedente da música, essa é a poesia lírica que expressa um galanteio dirigido à formosura e as graças femininas; pelo tratamento, é graciosa e leve. Exprime um pensamento fino, terno e/ou galante e que; geralmente, se destina a ser musicada. Aborda assuntos heróicos, pastoris e até libertinos. Sua forma é diferente dos poemas convencionais e seu conteúdo pode estar relacionado com a expressão de sentimentos líricos e ideias de forte conteúdo emocional, com vocabulário seleto, ou a temas de inspiração prazerosa

ACALANTO: uma composição do género lírico fundamentada nas cantigas de ninar.

Português Acróstico Cruzado Acalant
ostico Alfabético Acróstico Propr
com Inflamação Hacai Perfeito
Endecha Acalanto Acróstico
Trova com Rimas Cruzad
Hino Hacai Elegia Hacai Esparsa Soneto Ita
Rimas Alternadas Sátira com Justaposição Ro
tico Sátira Rondó Francês Terc
Troca com Rimas Altern
Hino Acróstico Alfabético Hino Vilancete Madrigal Vil
Cantiga Cantiga de Amigo Sátira com Diminuição A
Trova com Rimas Simples Ac
ó Soneto Elegia Ode Balada Acr
om Rimas Simples Acróstico Propriamente Dito Cant
ina Acróstico Mesóstico Ode
le Maldizer Acróstico Mesóstico Rondó
to Monostrófico Rondó Ode Cantig
Sátira com Justaposição Trova
aldizer Balada Madrigal
o Italiano Ode Soneto Balada (mode
co Sátira Cantiga do Maldizer
Vilancete Perfeito com Diminuiçã
nostrófico Elegia Cantiga de A
ndó Francês (dobrado) Esparsa
Madrigal

ACRÓSTICO
CRUZADO

actualmente →

a realidade assusta
o tempo não assegura
atualmente nada dura
desarrumação pura
moralmente desorientado
do mesmo modo mentalmente
tempo desgostoso
quadra inextinguível
por incertos ventos
oposto momento

ACRÓSTICO
TELÉSTICO

a reza em mim →

que voltemos ao seguir-a-caminhada

à era do verdadeiro amar
do bem não em parte
reviremos à tal foz
fonte de verdadeira alegria

é minha prece
qu'esses tempos voltem

período não mais em mim
tempo que não só vi
que em memória não ache fim

ACRÓSTICO
MESÓSTICO

olhos atentos →

são olhos atilados
os levados acordados
tais de homens erectos
casados com próprias falas
entregues à exatidão

é de boa visão
rosto de tais olhos
sabem pra onde vão
olhos atentos
teimosos
indefessos
perspicácia salutar

ACRÓSTICO
ALFABÉTICO

acções orgásticas →

Amar-te-ei de jeito meu.
Beijar-te-ei como ateu.
Cantar-te-ei em tom brando.
Dar-te-ei ao alto coro.
Entregar-te-ei aos longos prazeres.
Fazer-te-ei como as rameras.
Gozar-me-ei em tuas partes.
Honrar-te-ei como às freiras.
Inserir-te-ei molhos engrossados.
Juncar-te-ei o corpo todo.
Levar-te-ei aos meus globos.
Mostrar-te-ei jamais visto mundo.
Narrar-te-ei enquanto sentes.
Olhar-te-ei à medida que gemes.
Prolongar-te-ei em meu ducto.
Qualificar-me-ei como orgástico.

ACRÓSTICO
PROPRIAMENTE
DITO

acróstico do Paulo →

Pequeno foste um dia.
Aduzido dos céus.
Ungido por Deus.
Lastro de minha alegria.
O meu bem em demasia.

Sem ti jamais me vi.
És meu pelos céus.
Robusto.
Gerado vistoso.
Incomparável
Ousado sem ser punível.

Bondade trazes no centro.
Inteligência em teu cimo.
Encantador sem ser encantado.
Ternurento.
Teimoso à medida.
Espalhas vida.

Canto-te a canção mais bela.
Amo-te de forma terna.
Sonho-te do jeito mais puro.
Sagro-te de modo absoluto.
O meu bem em demasia.
Menino, minha alegria.
A mais bela melodia.

ODE
(EM TERCETOS)

ode à poesia →

dançam-te versos tris-alegres
fazem-nos envolventes
quanto ímpeto terdes

abrançam-te mudas melodias
vestem-te rimas
infiltras almas

ó santíssima poesia
ao mesmo tempo heresia
és tris-alegria

aromatizas almas dispersas
por canções que exalas
linhas em que te enrolas

sendo muitas és só uma
conto que a outro não iguala
ainda que por mesma fala

ó santíssima poesia
doce eufonia
ímpeto em demasia

HINO
(EM TERCETOS)

ao Feiticeiro do povo →

(?)
do meu vasto pasto
galinhas teimosas e gordinhas
que é feito delas

pobre tal como eu
pobre miserável declarado malfeitor
corpo igual ao meu

(?)
pra quando a morte Deles
feito está o encanto
fala-me destemido desgraçado feiticeiro

(?)
os trapos finos atirados
depois que lhe entreguei
fizestes lá teus amarros

está ainda em pé
vejo-lhe são e bem
só tenho à você

(?)
as receitas de outrora
até então nada melhora
talvez mais um instante

pobre tal como eu
pobre miserável declarado malfeitor
mostre cerrar mesmo dor

nós →

debaixo dos ventos de domingo
sobre as sombras dos mamoeiros
estampagem dos tempos bons

em ruas floris de abril
frescor de amor juvenil
verdade pueril

no dançar despreocupado dos fracos troncos
no acompanhar dos colmos
no nosso, diferente doutros antros

felicidade de dois
dois a sós
Nós

ELEGIA
(EM TERCETOS)

elegia trilógica →

eu, você e a dor
nosso amor
o que nos abraça sem tremor

lua, lençóis e vagidos
ímpar momentos
os que nos firmam aos ventos

ferida, lamento, perdão
imprescindível sucessão
a que mantém a comunhão

empenho, respeito e verdade
adorada trindade
a que nos preserva incólume

passado, presente e futuro
um só
o que nos tem por inteiro

eu, você e o amor
nossa dor
a que nos tem sem impor

ACRÓSTICO
ALFABÉTICO
(EM TERCETOS)

primogénito →

afaste minhas portas, mas sem medo
beba de meu branco, sem ser lento
cresça em meus braços, mas não torto

mande em meu acordar
noites podes encurtar
organize meu deambular

rasgue minhas entranhas, não mais interessam
seque minhas curvas, não mais desejam
tempo já teu, os Céus ordenam

300
(EM SEXTINA)

horto harmônico →

tempo é meta que não se alcança
nem quando o agora nos abraça
no ido, arrependimento
no porvir, questionamento
tempo é ilusório
da vida, obséquio

chuva é boa parte da dança
mesmo em celerada trovoada
de dia, belo arabesco
de noite, beijo novelesco
chuva é purificação
da vida, salvação

umidade é o chegar da esperança
ainda que com lodo pela praça
na casa, teto limpo
no jardim, ácaro ido
umidade é florescer
da vida, alvorecer
arco-íris é tolerável indecifrável sorriso
ainda que em abreviado minuto
quando um, lábios preenchidos
quando dois, olhos lustrosos
arco-íris é felicidade
da vida, verdade

semente é abeiramento do sossego

fartura mesmo em campo alheio
no seco, plantas rosas de jardim de primavera
no umido, a Justícia-Vermelha
semente é vivacidade
da vida, tranquilidade

flores são canções que não terminam
nem quando grave vociferam
na complexidade dos cravos, longas estrofes
na certeza do Lírio-do-Nilo, linhas elegantes
flores são expressões
da vida, demonstrações

do tempo de chuva ao arco-íris
da semente úmida às flores
Horto Harmônico

HINO
(EM SESTINA)

à Angola de um dia →

sobre o sangue de outrora
sorrisos de agora
gozo que demora
crença sem loucura
nação conquistada
Angola!

por linhas de passado negror
entoação com fervor
plangor sem dor
marcha de mãos sem atirador
lacuna preenchida
Angola!

pelas ruas deixadas
passos certos à vias futuras
escuro de energias economizadas
previstas chegadas
espera desnecessária
Angola!
com bravos miúdos de ontem
sem recear que testilhem
preparação para o que vem
nada no inviável além
verídico amém
Angola!

no suor das largas árvores

seu dançar aos ventos fortes
no cair do mantimento
prolongamento do bom tempo
inquestionável opulência
Angola!

nas passadas canções
presentes emoções
exposição do que se sonhou
resultado do que se lutou
vivida calma
Angola!

do ontem ao hoje
do então ao permanente
Angola!

amor natural →

quando de mãos dadas vamos
descalços corremos
sorrisos brotamos
quando por lá nos sentamos
manchados nos deitamos
nos amamos

sobre capins esquecidos
jardins floridos
campos cultivados
caules transpirados
sobre fortes Gerênios
nos amamos

quando galgamos rua abaixo
de nós perfume exalado
pétalas ao vento
beijo roubado
quando então o abraço damos
nos amamos

como o cantar acasalado dos Japins
berros de doces fins
feições sem beleza das Jasmins
no canal de viscosas saídas
com alegrias orgásticas
nos amamos

quando o silêncio nos veste
o rocio nos banha
nos expurga
o amor nos abraça
quando o lascivo desejo nos deixa
nos amamos

por céus carregados
como gotas anunciadas
juramentos calados
com dermes coadunadas
por manhãs de orvalhos
nos amamos

pelos cantos da natureza
por autêntica beleza
nos amamos

ELEGIA
(EM SEXTINA)

elegia aos nossos dias →

invejo tua morte
a paz que encontraste
me dói esta ida
a minha vida
o pedaço que deixaste
a alegria que levaste

sonho contigo, alma obsoleta
assim prossigo
mas o que adianta?
se já não és vivo
a memória que te porta
não te pode trazer de volta

invejo tua morte
o sossego que achaste
me arde tua ausência
mas entendo tua impaciência
o abraço à expiração
percebo a razão
trago-te aos dias novos
por desejos e momentos
com dias nossos
crio presentes meus
garanto os futuros
mas o que adianta?

invejo tua morte

o alvor em que estás
o Éden em que te implantaste
me pesa tua partida
mas meu chegar à ti me consola
deveras nos veremos

em manhã de chuva miúda
tempo já sem tua fala
levanto lívido de demasiado chorar
não por me abandonar
por recordar
por sorrir sem segurar

invejo tua morte
não o fim;
a minha longe de mim

Santo Pecador →

regurgitas palavras impensadas
banhas-te em acções profanas
em ti, bom é nada
    bom é nada

com lábios frios disparas falas
com olhos negros vais por alas
em ti, perfídia de sobra
    perfídia de sobra

em espaço santo não coração
bestunto sem oração
ser de pouca razão

desfrute a distração de quem castiga
sua ignorância te safa
ó Santo Pecador

HINO
(EM SONETO)

areias do meu embrião →

no estreito abraço da cacimba
excitação da estação seca
areias avermelhadamente quentes
no chão, marcas de manhãs breves

nos desastres da estação verde
ressequir que de nós depende
minhocas levadas nos baldes
no chão, lamas das nossas verdades

num dia árvores de frustrar contar
neste dia postes de nada iluminar
clínicas de algum salvar

areias do meu embrião
       Morrão
     bela região

por campos da vida →

por estradas cheias ou vasias
talvez por via espressa
com tristezas e alegrias
vida.

por terras húmidas ou secas
talvez por areias finas
por sorte sem maléstia
vida.

por ventos fortes ou fracos
dias frios ou não
sensação

um ou outro
algum, jamais nenhum
passar do tempo um

ELEGIA
(EM SONETO)

Velha Maria →

o dia negro te levou
o tempo ido te deixou
na pureza do nosso bairro
fraqueza do seu corpo

vassouras de palitos
sabedoria aos gritos
marcas de tua existência
eterna reticência

panos de nosso sossego
pratos de evitado decesso
pernas de colo perfeito

Velha Maria
manente alegria
entregue à magia

vassalagem amorosa →

Senhor(a) de único ver
trago amor mais que ver
jamais esqueci ao te ver
Deus me pode ver
meu fazer é só te ver
gemo desde o primeiro ver

passadas já vi
como tu jamais vi
Senhor(a) que apenas vi
solto assim nunca vi
coração que doutro modo já vi
somente quando te vi

esconder não mais vale
amor que tanto vale
juram que coisa alguma vale
saberão que meu vale
Senhor(a) que só a ele vale
promessa é escasso vale

sabéis o que estão a dizer
que só sei dizer
não escute tal dizer
vêde além do meu dizer
o que há muito venho a dizer
ó Senhor(a) de bem dizer

musico nosso amanhã →

Lançaste-te aos projéctis;
também em covis?
Ó tempo que não vai!

Lançaste-te aos projéctis;
ficaste nos confins?
Ó tempo que não vai!

Se vos destes por perdidos,
não me façam tanspirada.
Ó tempo que não vai!

Se vos destes por perdidos,
deixem-lhe que chegue à casa.
Ó tempo que não vai!

CANTIGA
DE ESCARNIO

veras sátiras →

podes ter rabo no trono
mas desta terra não és dono
senão pelo paupérrimo fazendeiro
não abririas a boca em cheio
senão pelo operário catingueiro
não irias pelos portões do castelo
podes ter rabo no trono
mas desta terra não és dono

ainda que lhe cheguem as pedras
não possuis estas almas
senão pelo magro mineiro
não terias alto numerário
senão pelo mudo espavorecido
não estaria teu corpo desamarrado
ainda que lhe cheguem as pedras
não possuis estas almas

vá então pelo vazio das estradas
desde que saibas que nenhum te venera
senão pelas sirenes compradas
não terias alas vagas
senão pelas vassouras gastas
não te safarias das pocilgas
vá então pelo vazio das estradas
desde que saibas que nenhum te venera

sorria largos sorrisos

desde que não creias ser jubiloso
senão pelas esfoladuras no joelho da mãe
não escaparias os amarros do grande pai
senão por olhos cheios alheios
não terias lábios esticados
sorria largos sorrisos
desde que não creias ser jubiloso

podes ter rabo no trono
mas desta terra não és dono
ainda que lhe cheguem as pedras
não possuis estas almas
vá então pelo vazio das estradas
desde que saibas que nenhum te venera
sorria largos sorrisos
desde que não creias ser jubiloso
podes ter rabo no trono
mas desta terra não és dono

João →

João, ser detestável
me tens descartável
me vês desprezável
tal é incabível

soergo meus peitos
tinjo meus olhos
passo por ti
e não te vejo

João, feio também
me tens não como bem
me vês como ninguém
olha o médio atento vem

falo linhas tortas
sonho-te em declínios
ouço tuas falas
e não vou em tormentos

João, alto atrevido
serás mal servido
senão sozinho
muito mal acompanhado

vagarosa mutação →

chegue calma doce flor
engane os espinhos
embeleze os trilhos
balsamize o calor

venha, alto queimador
retraga tempos idos
reviva os miúdos
fuzile este ardor

sempre rogado alvor
encontre nossos pontos
abafe nossos ventos
ouça tão franco clamor

descansado como flor
atinja seres puros

SONETO ITALIANO

soneto ao porvir →

te desconheço ó tempo não vindo
período só dito
não te aguardo ó ar pérfido
estou em contento

não marino meus dias
não filtro alegrias
amo, odeio, como e bebo
vivo o enquanto

te desconheço ó tempo não vindo
era de utopia
espera em demasia

não marino meus dias
poderei escrever-te;
agora esperar-te, isso jamais!

SONETO
MONOESTRÓFICO

falsa recusa →

sabeis sobre meu amor
minha mais profunda dor
meu aperto vós conheceis
o que não compreendeis (?)
se entoo ao alvor
se chega com nova flor
até quando duro sereis (?)
vais jurar que não quereis (?)
claramente há fulgor
veja, sou tal causador
por quanto escondereis (?)
por mim decerto ardeis
quereis também tal calor
tão ardente cobertor

vou morrer de rir →

ACRÓSTICO: é a composição poética na qual certas letras de cada verso, quando lidas em outra direção e/ou sentido, formam uma palavra ou uma frase.

→ **Cruzado**: acróstico em que o nome, palavra e/ou frase é formada pelo ajuntamento da primeira letra do primeiro verso com a segunda letra do segundo verso, às quais se juntam a terceira letra do terceiro verso, e assim sucessivamente até o último verso.

→ **Teléstico**: acróstico onde os ajuntamentos de letras ocorrem no fim dos versos.

→ **Mesóstico**: acróstico em que os ajuntamentos de letras ocorrem no meio dos versos.

→ **Alfabético**: subtipo de acróstico propriamente dito. Nesse tipo de acróstico, a primeira letra de cada verso forma com as demais primeiras letras uma sucessão que é idêntica à sucessão de letras do alfabeto.

→ **Propriamente Dito**: acróstico formado pela junção das letras iniciais de cada verso para formar a palavra ou frase desejada, o mesmo pode ser lido na vertical, de cima para baixo ou no sentido inverso.

nais um dos recursos utilizados para dar
o verso.

a, versos que não apresentam rimas. São
dos versos brancos ou soltos.

Versificação é o conjunto de métodos utilizados na
arte de compor versos.

Fazendo uso, para o efeito, de alguns elementos
que concorrem para a harmonização e beleza do
gênero lírico, tais como: ritmo, metrificação, rima,
entre outros.

Monóstico - estrofe com um verso

Dístico - estrofe com dois versos

Terceto - estrofe com três versos

Quadra ou Quarteto - estrofe com quatro versos

Quintilha - estrofe com cinco versos

Sextilha - estrofe com seis versos

Septilha - estrofe com sete versos

Oitava - estrofe com oito versos

Nona - estrofe com nove versos

Décima - estrofe com dez versos

Cada linha de um poema corresponde a um verso, os quais são classificados de acordo com as sílabas poéticas que apresentam. **VERS**

Monossílabo - verso com uma sílaba

Dissílabo - verso com duas sílabas

Trissílabo - verso com três sílabas

Tetrassílabo - verso com quatro sílabas

Pentassílabo - verso com cinco sílabas

Hexassílabo - verso com seis sílabas

Heptassílabo - verso com sete sílabas

Octossílabo - verso com oito sílabas

Eneassílabo - verso com nove silabas

Decassílabo - verso com dez sílabas

Hendecassílabo - verso com onze sílabas

Dodecassílabo - verso com doze sílabas

Os versos que têm mais do que doze (12) sílaba poéticas são chamados de Bárbaros

O agrupamento de versos, por sua vez, compõe a estrofes. As estrofes são classificadas mediante número de versos

Por essa opulenta leitura, encontrarás ainda outros subgéneros e formas do género lírico, propriamente: a **cantiga**, e as suas formas; a **sátira**, e as suas técnicas; o **vilancete**, a **ode**, o **hino**, a **elegia**, o **idílio**, a **esparsa**, a **endecha**, o **madrigal** e o **acalanto**.

Com tudo isso em mente, saliento que, para melhor indagação seguem breves definições sobre cada um dos textos no teu dicionário poético-ilustrativo de preferência. Mas, por favor, lembra que não te precisas confundir nem sobrecarregar. A leitura das definições pode ser feita agora como também depois da leitura dos quocientes dessas *Fórmulas Poemáticas* — os poemas.

Espero profundamente que tires bom proveito!

Carinhosa e auspiciosamente,
Cláudia Cassoma.

levaram uma só pá pra desfazer o monturo
um só palito que inflamasse tudo
devia ser gozo
só pode
Suas mulheres, em saltos, braços adornados
enquanto as dos outros recolhiam piaçabas
varriam quilómetros que não percorreriam
há enfim pelo menos uma sala de aula
eles mesmo vão escolher os que entram
vou morrer de rir
ah! vou sim
chegaram com caneca de chá
porcelana, descrevo pra não mentir
coisa cara
pelas pegas iam crendo murchar os rios chuvosos
posso sim morrer de rir
que grosseria!
há em algures casas novas
esquece a relva árida
sede já não lhes enterra
há mais gente fora do que dentro
um só prato de feijão
que entupisse atulhada nação
ah! vou morrer e será de rir
penitenciarias não faltam
sabem do elevado número de atrevidos
mas não mais de um refogado
que mundo!

sentaram-se às portas dos cemitérios
enquanto limpavam as lajes dos Seus—os outros
e numa esquina não amanhada
descansam ossos dos pais dos mesmos
isso merece gargalho
e um que me faça morto

miúdos engravatados →

abarrotam-se de burras certezas
levam nas enormes barrigas
o que lhes falta nas minúsculas cabeças
pousam gordos acentos em cadeiras de rei
infringem a lei
ao deixarem balançar os pés
não lhes cabe
dão-se ao luxo de dormir
abnegam seus deveres
bando de garotos
miúdos engravatados
estranham bolas sem velhos terrenos
ineptos de duas patas só
cágados em pé
proferem palavras que não sabem
algo que não lhes furte a grinalda
trazem cactos que lhes perfura primeiro
graças à asnice nada sentem
desconhecem seu findar
a lentidão lhes confunde
exalam finitos suspiros
a fugacidade lhes corteja
a sonevice lhes cega
levam nas mínimas cabeças
o que lhes perduraria a barriga
miúdos engravatados

aposição sem censura →

creio no chegar do dia seguinte
como na verdade dessa mentira
espero o retardar de sua jura
como o advento da lua
ouço-te tanto quanto aos mortos
confio no teu aperto de mão
na tartaruga que compra meu pão
e na formiga que trabalha em meu chão
me alegra teu falar quanto o de bambi
ouço atentamente
sento-me ali com dentes expostos
graciosos momentos
os tais que me proporcionam
creio na metamorfose
e na existência do unicórnio
essa mudança vos pertence mesmo
espero por esse mundo
tão puro quanto noiva branca
confio no nascer desse dia
e na vinda da alegria

penúltimo lamento →

Que não dure a morte.
Que não doa a vida.
Que venha no choro um.
Será a hora exata.

só por amar →

Não é conta por pagar.
O amor que lhe oferto.
Que não plagies afeto.
Seja só por amar.

ao Poeta →

Ó trovador: homem nu.
Vivente ambulante.
Aqui ninguém como tu.
Extinta qualidade.

RONDÓ FRANCÊS

rondó ao amor →

alvo amor de cegar
nada mais doce que amar
leva-me à teu duro ser
dou-me em puro desfazer
olhar, tocar, deitar e amar

de jeito casto vem venerar
de jeito moço vem abraçar
num inteiro me venha ter,
alvo amor

ao delírio sem falar
pelo verdadeiro olhar
a paixão, faça-me entender
leva-me a tal endoidecer
ente de apaixonar
alvo amor

insensato ensejo →

entre o querer e o puder, desvairo
por vias da minha sofreguidão
em mim, inuptos instantes de suspiro
nada que conclusivamente leve a solidão

entre o experimentar e o inventar, comichão
sensação pelo ardente desejo
no chegar sem união
abraço ao desespero

nos dias que não te tenho
viagens à ilusão
sem temer que seja julgado
respondo minha aspiração

sem que me pegue tua mão
sem que me leve teu cheiro
me desfaço da sequidão
me viajo por meu corpo

vou ao emagrecimento
por suspiros não por tua injeção
me aprazo
sem qualquer inibição

chega ao fim minha ilusão
te fazes ao tempo
tudo o que tenho é ficção

retalhos de um bom sonho

entre o ser e fazer, prazer.

rondó do Português →

com intensidade me encarou
expondo sua magreza
sua franzina opulência
com olhar me roubou

cativou-me com palavras
prometeu duros agarros
jurou por almas idas
ao me enrolar em seus braços

beijou-me molhado
pegou-me levantado
viajou certeiro
deixou-me desejado

com desejo me descansou
prometeu ali estar
no mesmo colo em que me amou
em tempo certo despertar

engano!
vazio pano.
desejo?
puro ludíbrio.

português magro e mentiroso
deleitoso
cruelmente corajoso

traiçoeiro

de lábios molhados
enroupado em certeza
com locais empinados
deixou-me na lazeira

com intensidade me encarou
com certeza me amou
com a mesma me deixou
jogou-se ao que passou

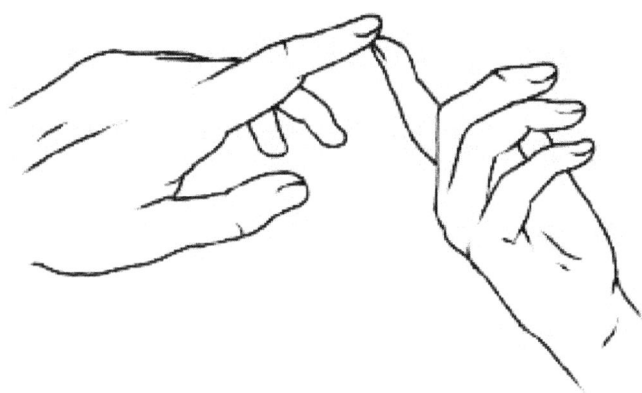

VILANCETE
PERFEITO

vilancete à mulher bela →

dos rijos pelos na cabeça
aos miolos prolíferos; nela
Mulher Bela

com pentes de dentes afastados
pelo matagal dos fios grossos
arranjo de nuvens e estrelas
tranças às corridas
tranças erguidas
das linhas que o alonga,
Mulher bela

com canudos de diâmetro igual
pelos robustos de definição habitual
exsudação do oriente ao poente
capacete de regulável suporte
capacete que o rosto também cobre
dos triunfos que com ele alcança,
Mulher Bela

balada da gente →

tive-te nua: tão bela
ao meu lado a oscilar
do teu corpo como lira
inigualável contemplar
em sua própria balada
no momento em que te vi
estatura desprovida
portanto, tive-te assim

levei-te lenta: tão pronta
com olhos a encandear
do teu semblante a vida
incomparável venerar
dada certa à balada
de modo direito em ti
não de forma açodada
portanto, tive-te assim

senti-te farta: banhada
com a figura a berrar
abertura impúdica
em orgasmático chegar
epiderme ressumada
dedicada à balada
com o corpo que desvesti
em cama acolchoada
portanto, tive-te assim

inteiramente esbelta
no momento em que te vi
totalmente embebida
com o corpo que descobri

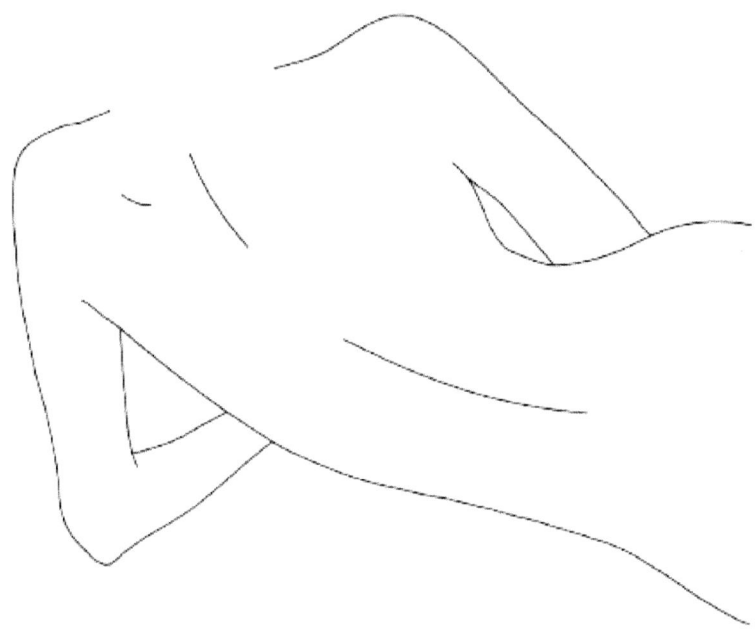

HAICAI
(TRADICIONAL)

haicai do amor →

apenas amo
não sei como o faço
somente ajo

ode aos dias sem frio →

sonegado em teu ardor
abraços com fervor
doce clamor
coisa alguma melhor

tudo em teu olhar
teu meigo falar
prazer no destapar
puro amor

resfolgado em tua beleza
nas idas dores da esteira
esposo-te a alma
canto dias de calma

sem frio que incomode
sem retraimento que aperte
em tua realidade
meu ser prazenteiro

ode ao sossego →

no rosto miúdo
no corpo franzino
nos olhos calados
nos lábios cerrados
instante sublime

pelo suor das pétalas às folhas
por essa chuva pelas avenidas
por patas nuas as corridas
por inexplicáveis alegrias
pela ardura do astro do dia
por suores desta magia
por sons dessa orgia
por ledice em demasia
pelo largo sorriso alheio
por seu chegar sem receio
por jamais ser forasteiro
por instante verdadeiro
pela calma evidente

sublime instante
à este, tal ode

à Kianda →

nos calmos lençóis que te cobrem
repentinas ondas te desvestem
pelo dançar dos ventos sobre ti
doces ares em mim

as mesmas águas que te banham
minha sede acabaram
meu corpo saram
expurgam

no frio miúdo do alvorecer
no quente período ao anoitecer
pelo conforto do dia
nume marinho

na utopia de tua existência
tardança de minha falência
Kianda
figura venerada

não fora o mar
não voava aos ventos minha crina
nem só alegria inquilina
não fora o mar

hino à Angola →

em Luanda praias que vão à Benguela
no Namibe mar de areia
ó Angola, tu és bela
correm-te águas do Kalandula
até Jacaré é Bangão
boa fumbua de Cabinda tem a mão
pelo Jardim da Pouca Vergonha deambula minha alma
tu és bela
embrulhas histórias em Embala Grande
dançamos aos circuncisos em Luanda-Norte
banham-se os corpos do Cuito Cuanavale
nas águas quentes do Rio Zambezi
vão por Bié e bebem-se em Cuando
há cabeçudos no Uíge
vêm de Kimpa Vita
as Fendas da Tundavala fazem-te única
ó Angola, tu és bela
pelo Rio Kwanza, duas províncias são tuas
da kizaca que se come pelas bordas de Samussanda
às montanhas pela estrada de N'zeto
és bela Angola

de polo a polo →

para as muitas bocas
    muitas águas
   as mesmas
para os corpos magros e robustos
    corpos cansados
    corpos sujos de alegria
para os dias ardentes
   o apertar dos dentes
    arder das lentes
   os glaciares

de polo a polo

para as patas todas
terras vastas
     as mesmas
para qualquer derme
       olhos rasgados
       lábios esticados
para os de pouca altura
      muita espessura
areias suficientes

de polo a polo

para os rostos todos
ventos frescos
ventos aos montes

sorrisos suficientes
para inevitáveis ardores
tais ares

de polo a polo

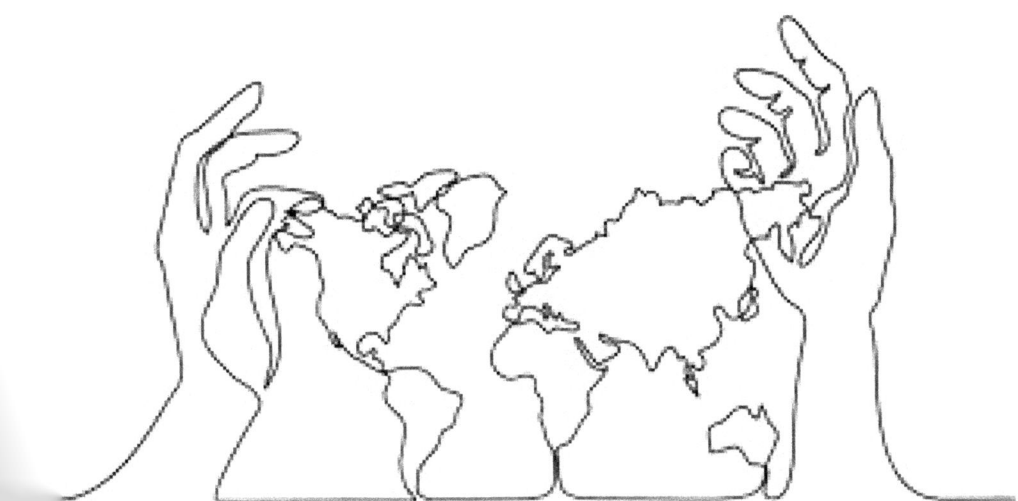

HINO

ao **SANTO** dos santos →

seja quem fores
desde que leves as dores
desde que tragas flores
nos céus
nos mares
nos ares
com os meus
esteja onde estiveres
desde que leves os males
desde que sejas verdade
se vens ou não
amanhã ou então
seja como for
desde que tragas amor
suplico Senhor
Santo dos santos
dos segundos há nenhum
mas Tu que és o um
seja quem fores
desde que nos venhas aprazer

ELEGIA

por quem chorar agora? →

os sete foram
monami, katundê! monami zeka!
poderia lhe dizer
meu filho não saias! meu filho dorme!
pelo menos ao Zé
mas pra quê?
os sete foram
KALUNGA NGUMA lhes levou
nem só Zé lhe deixou
os sete foram
por quem chorar agora?
Mutue Wonene lhe levaram também
seu nguimbo com areia já não vem
poderia lhe dizer
dilongue se uandala kukala o mutu!
estude, se queres ser alguém!
mas meu filho já não é ninguém
Kambami, meu primogénito
boca do pai dele
o mesu ie
também os olhos
onde está então?
Kambami onde estás?
Azekel, a tal oração que fiz
DEUS não quis
não recebeu
vocês sete foram
Aquele foi sobre o irmão Dele

foi nu mesmo
nem mais trapo mãe tinha
agora choro por quem?
os que lhes atirei no poço
ou Zé que ainda dorme no meu colo?

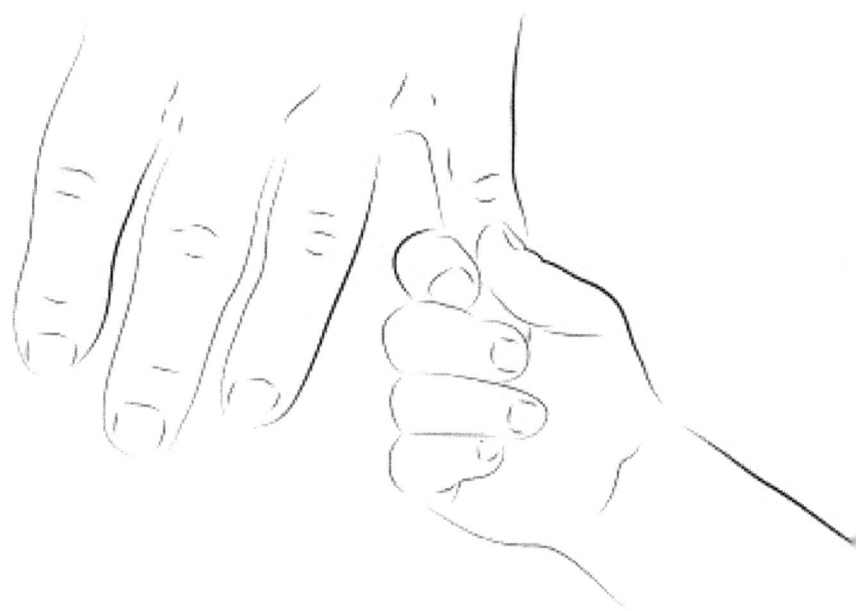

ELEGIA

minha morte em elegia →

que venha rápida e pronta
que venha agora
       estou pronta
leva-me dos choros de eternamente
leva-me   ardente
faça-me celeste morador
faça-me alheia dor

que venha negra e calma
que venha agora
       estou calma
leva-me dos sonhos de adolescente
leva-me   urgente
faça-me tal favor
faça-me ido respirador

que venha só e certa
que venha agora
       estou certa
leva-me dos dias de inquietude
leva-me   leniente
faça-me inesquecível rancor
faça-me choro de amor

que venha ali e aqui
que venha agora
       estou aqui

elegia à "minha" terra →

até então...
campos alegres de minhas pernas tortas
suor das correrias dos meus dias
desvio das cordas da minha mãe
até então...
banhos vermelhos do corpo miúdo
galhofas de puto
por esses becos mesmo
por estradas demoradas
até então...
lugar das primeiras falas
ares dos meus poucos choros
quentes colos
até então...
tapete areiado das patas curtas
lugar de minhas corridas
leve casquinada
sob os duros raios de sol
daqui o único farol
meus dias
até então minha vida
hoje sou os mil que a mesma terra come
carnes frescas em que se dorme
hoje sou os berros secos dos corpos esgotados
óbito parado
até então...
entre rostos milhares
parte dos ditos pilares

hoje entre pedras sem betume
levado adiantado
jogado ao passado
até então sonho meu:
crescer pra viver
hoje do que me deu:
chorar para me ver
até então...
campos alegres de minhas pernas tortas
campos repletos de nossas vidas poucas

estação frutuosa →

nas rugas do vasto deserto
pegadas do homem perdido
em águas do Kalandula
marcas do seu descanso
ondas que são seu rosto

por prados frescos
gados gordos
ventos melódicos em altos tons
versos por soltos batons

no suor das folhas largas
aroma da chuva caída
nas areias embebidas
do lírio a saída
bucolismo em demasia

IDÍLIO

miradouro da lua →

anseio pedaços de tuas terras
curvas como as falésias a sua de Luanda
cabelo às ventanias
vermelho como as areias
eroda minhas fortalezas
leve-as como o dançar errado das folhas
ó abençoada
anseio aromas de tua natureza
igualmente região florestal
desfaça-te dos trapos que trazes
como caules no inverno
com teu calor queime o terno
por partes deformadas nem só aperto
não adianta
bela amada
mulher perfeita
anseio-te completa!

montanha mulher →

ó mulher de altura suficiente
arquitetada diferente
reprodução da Serra da Leba
oh mulher de único gingar
beleza de pasmar
curvas de parar
o perigo em tua zona montanhosa
o prazer que lá se encontra
por ventos malandros
andares calmos
oh mulher de natureza bela
enrolada na Curva dos Cubanos
mulher de causar choques
mulher de muito em poucos toques
como terras de Hampata
serpeios carnudos
oh mulher
vista nessas terras

primícias do nosso amor →

os primeiros dias de dor
ponho a teus pés, amor
coração maratonista
olhar optimista

de mim, a primeira vista
prelúdios de nossa vida
os primeiros dias de dor
ponho a teus pés, amor

os beijos com pavor
os abraços sem vigor
à ti tempos de um dia
inquieta alegria
os primeiros dias de dor

RONDEL

rondel ao filho único →

amo só a ti
não me doem os selos da vida
em só uma época se respira
e a tua me basta

dar-te-ei o absoluto
sem te tornar estulto
amo só a ti
não me doem os selos da vida

já não sei do berreiro de outrora
já não vejo a demora
não mais me abraçam braços vazios
em meu colo teus mijos,
amo só a ti

RONDEL

ímpar amar →

sem flores de jardins forasteiros
um amor verdadeiro
em palmas de dedos desocupados
aliança de ver só nosso

sem palavras de dizeres estrangeiros
proferir também molhado
sem flores de jardins forasteiros
um amor verdadeiro

canto-lhe versos
beijo-lhe perto
também com sorriso
brilho-lhe os olhos
sem flores de jardins forasteiros

necrópole →

a vida passa por mim
tranquilidade enfim
ida era penosa
não há o que tormenta
cobiçado decesso
descanso em contento
cantam os ventos altos
vai areia aos poros
nula metamorfose
entre nós, simbiose

teu silêncio →

tua voz ausente
angústia permanente
sem teu fundo respirar
martírio a me levar
decesso a me abraçar
teu falar acabado
meu gozo igualado
momento perturbado
teu repousar
meu pesar

último vagido primeiro →

rebento ido ao vir
pouco tempo pra sorrir
cântico feito curto
operar feito nulo
chegar de rápido ir
de breve reproduzir
o vagido primeiro
gozado um só tempo
rebento ido ao vir
desprovido do fluir

ENDECHA

ESPERANÇA, que não morras →

rogo-te, não morras
nem pela manhã
nem pelo luar
rogo-te, não morras

peço-te, não morras
nem no agora
nem só no chegar
peço-te, não morras

que jamais morras
no chegar do negror
no partir do vigor
que jamais morras

peço-te, não morras
nem quando me for
pelo belzebu dor
peço-te, não morras

rogo-te, não morras
nem como última.

endecha ao Gordinho →

pálido e magro
feito santo
breve, não pronto
foste-te cedo
calmo e dócil
então passado
raptado, fóssil
dor do ficado
kamba gordinho
levado menino

panos então vazios →

abraços já levados
apertos impedidos
os sete breve idos
os mil com eles tidos
panos então vazios
crianças antes minhas
areias hoje finas
dores aqui retidas
corpos de minhas vidas
panos sem alegrias

madrigal medonho →

(?)
quando mais ó Constância
dar-me-ás o privilégio das doces falas
a forma torta como andas
levar-me-ás aos distantes desejos
pra quando tal tempo
ó Constância

desfarás linhas tristes de definida beleza
com olhos idos em tua cara
lábios prontos em tua boca
com bunda que não senta
que aos poucos esmaga
dar-lhes-ás tua essência

(?)
quando mais ó Constância
livrar-me-ás das pedradas
olhares em raiva
ter-me-ás em teus contos
como tu em meus colos
pra quando tal tempo
ó Constância

trarás teu flanco ereto
com teu saber ao topo
irás pelos corpos duvidosos
com teus devassos berros

com braços duros
laivos nulos

(?)
quando mais ó Constância
momentos em tua vala
em teu poço outra saída
mostrar-me-ás por atalhos que traçara
pra quando tal era
ó Constância

ó mulher! →

dai-me ó mulher o amor que peço
              o amor sem reflexo
    ó mulher
dai-me   o amor
                sem pretexto
sinta ó mulher o que também sinto
             o que por ti tenho
    ó mulher
sinta   por mim também
                  amém
compreenda ó mulher tal sentimento
             tal salvamento
      ó mulher
compreenda   tal mantimento
             sem fingimento
ceda-me ó mulher o amor que em ti vejo
           o amor que reconheço
     ó mulher
ceda-me   o amor
              por completo

Madalena →

ó Madalena, mulher amada
loucamente desejada
Madalena
queres tão preparado beijo
tão urdido momento
declare Madalena
mulher adorada
queres tão profundo olhar
tão demorado chegar
juro-te Madalena
a nenhum será igualar

teu próprio cintilar →

tome minhas pontas
banha-te nas águas dos meus dias
encontre tua paz
acalme teu corpo ó rapaz
e desenhe teu sonho
teu utópico momento
tome em ti possibilidades
esqueça as atrocidades
banha-te na paixão de mim
encontre nenhum fim
acalme teu peito ó amor
e clareie o negror

ACALANTO

menino no além →

o que acordado te mantém
tua mãe já cansou
o dia também
já tardou
mas manhã não vem
o que faltou
tão recém
sua ida também
descansa bem
ó menino do além

embala →

vá sonegado meu pequeno
de lá vem o sono quieto
fecha os olhos
tapa os ouvidos
amorteça teu minúsculo figurino
está perto o sonho
 o escuro logo passa
a aurora não tarda
descansa pobre alma
permita que a noite te acalma

BIOGRAFIA:

Sobre a Autora e as suas Coisas

R evelando-se importante para alguém, fica aqui registado que o berço do seu cordão umbilical é o país da costa ocidental da África — Angola; mais propriamente, a linda e incomparável cidade capital, Luanda. Vale também realçar que os seus berros incipientes saíram no começo da estação das chuvas, remansada nas rugas de uma mulher querençosa. E, nove cacimbos depois, em véspera de novas águas, esses mesmos rugidos elevados e ásperos aclamaram a artista inerente a si. Desde então, também se apresenta assim.

Com a terceira década de sua carreira artística se abeirando, Cláudia Cassoma se mostra autora de um repertório literário bilingue composto por quinze publicações próprias em prosa e em verso; e pelo menos trinta publicações participativas em jornais, revistas e outras fontes de publicação em países como Estados Unidos da América, Camarões, Brasil, Portugal e outros.

Pelo enredo da vida que vai construindo com erros, eversões e esforço, estão sinais do seu potencial e ganhos por indelével devoção. Em 2016, por exemplo, do Brasil, Cláudia recebeu o Prémio Maria José Maldonado de Literatura, o seu primeiro. Hoje é recipiente de mais três prémios da mesma área. Pelo ir do seu estirão, outros vintes-e-tal reconhecimentos e prémios, demarcam seus marcos. Eles se distribuem em áreas como: acção social, liderança, saúde e academia.

"Somos todos parte do quebra-cabeça."

A frase supracitada foi base de uma mensagem partilhada em uma das suas apresentações mais importantes, no que concerne a sua área de formação—educação especial—e a responsabilidade que crê ter para com a sociedade. Na partilha da mesma, Cláudia defendia não ter tarefa mais importante que essa de contribuir para o êxito do seu arredor. E, a veracidade dessa declaração pode ser vista nas condecorações rendidas por suas acções. Como exemplo dessas atribuições está o Certificado de Cidadão Diplomata, duas vezes outorgados pela Universidade do Distrito de Columbia em Washington, D.C. Além disso, como evidência translúcida do seu talento, capacidade e profissionalismo, tem se apresentado como oradora e palestrante em alguns palcos internacionais. Em 2018, na Bélgica, a Bridge 47 — organização internacional de mobilização da sociedade civil e membro da União Europeia — a teve na agenda do seu primeiro evento multicultural sobre *Educação para a Cidadania Global* como palestrante motivacional. Aí ela defendeu o teor da frase inicial supramencionada. Já na Capital da Terra do Tio Sam, Cláudia fez uma das apresentações mais notáveis da sua carreira. A convite da Embaixada do Brasil, defendeu o tema "Vozes Femininas na Literatura de Língua Portuguesa". E desse jeito leva a sua jornada de disseminação da arte, da cultura, da educação e mais.

Está também na lista das suas vocações, a atilada inclinação para a música. Hoje jovem—ontem miúda de berros narcísicos—alcança igualmente os ouvidos do mundo com linhas de poesias sonorosas, vidas descritas em linhas musicais, como: "Rishikesh", encontrado no álbum "*antes da monção*" do dueto Português S E N Z A.

Cláudia Cassoma é também fundadora e uma das coordenadoras da organização não-governamental SmallPrints. É directora de programas da organização internacional, da mesma maneira não-governamental— *I, AFRICA™* —com base em Boston, nos Estados Unidos.

Actualmente, ainda com vários erros, eversões e muitos, mas muitos esforços — não obstante auspiciosa — Cláudia Cassoma segue caminhos que vão desde a arte da representação gráfica da linguagem aos que aproximam o mundo à uma metamorfose esperançosa.

REPERTÓRIO

LITERÁRIO

OS LIVROS DE POESIA

FÓRMULAS POEMÁTICAS — CLÁUDIA CASSOMA

Amação — CLÁUDIA CASSOMA

NOT FOR FLOWERS — CLÁUDIA CASSOMA

CLÁUDIA CASSOMA / PRETÉRITO PERFEITO

amores que nunca vivi — CLÁUDIA CASSOMA

COLECÇÃO MEU VALENTIM

Silhuetas Poéticas — CLÁUDIA CASSOMA

Amor, Sonetos'A — CLÁUDIA CASSOMA

Rogos ao Ímpeto — CLÁUDIA CASSOMA

Cânticos de Apego — CLÁUDIA CASSOMA

OS LIVROS DE PROSA

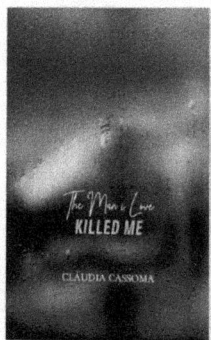

Kalei

The Man i Love KILLED ME
CLAUDIA CASSOMA

AHETU FERIDAS DO GÉNERO
CLÁUDIA CASSOMA

AHETU VOZES DESPRENDIDAS
CLÁUDIA CASSOMA

COLECÇÃO MULHERES

PIOLHOS
CLAUDIA CASSOMA

a volta do PAPAI NOEL
CLÁUDIA CASSOMA

CONTOS SOLTOS

RESPONSABILIDADE

SOCIAL

#FaçaOBemLendoMais
#FBLM

O objectivo do projecto **FAÇA O BEM LENDO MAIS** é incentivar a leitura promovendo práticas de interesse social e comunitário. Como parte desse processo, uma percentagem do rendimento dos meus livros publicados é doada à causas sociais que beneficiam a comunidade.

Este Livro

Proporção:21%

Recipiente: Projecto Manos & Manas (SmallPrints)

+Info: www.claudiacassoma.com/responsabilidadesocial

AS

FÓRMULAS

CANTIGA

→ de amor: **vassalagem amorosa,** 74-75

→ de amigo: **musico nosso amanhã,** 76-77

→ de escárnio: **veras sátiras,** p. 78-81

→ de maldizer: **João,** p. 82-83

SONETO

→ Inglês: **vagarosa mutação,** p. 84-85

→ Italiano: **soneto ao porvir,** p. 86-87

→ Monostrófico: **falsa recusa,** p. 88-89

REFERÊNCIAS →

CEIA, Carlos. «Gêneros literários». *Estudo sobre os Gêneros Literários.*

ALMEIDA, Silas Leite de. Curso prático de português. Belo Horizonte: Vigília, 1971.

CEGALLA, Domingos Paschoal. Novíssima gramática da língua portuguesa. 46. ed. São Paulo: Nacional, 2005.

MASCARENHAS, Isabel. «Endecha». E-Dicionário de Termos Literários. 2009

FERNANDES, Márcia. Toda Matéria. Versificação. 2020.

DIANA, Daniela. Toda Matéria. Poemas de Forma Fixa. 2020

BRAGA, Rafael. Toda Matéria. Poemas de Forma Fixa: Tipos e Exemplos de Textos. 2020

BRAGA, Rafael. Toda Matéria. Poemas de Forma Fixa: Tipos e Exemplos de Textos. 2020

Portal Educação. Balada, um poema de forma Fixa.

FÓRMULAS

NOTAS

Pra Você...

POEMÁTICAS

POÉTICAS

Use as linhas conforme a sua inspiração e necessidade.

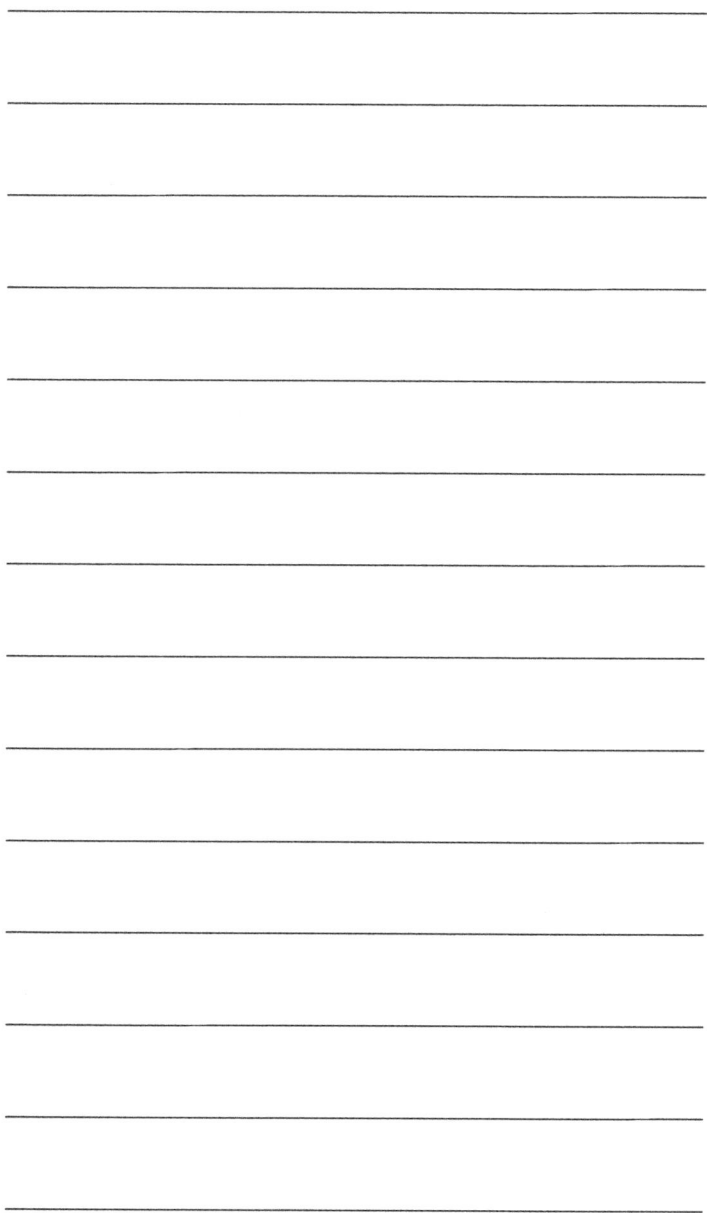

www.claudiacassoma.com

www.ingramcontent.com/pod-product-compliance
Lightning Source LLC
Chambersburg PA
CBHW021924040426
42448CB00008B/903